DOS CHICAS AL BORDE DE LA CAMA

DOS CHICAS AL BORDE DE LA CAMA

Victoria Mallorga Hernández

Valparaíso
EDICIONES

Número 380 de la Colección VALPARAÍSO DE POESÍA
dirigida por FEDERICO DÍAZ-GRANADOS

Diseño y maquetación: Chari Nogales
www.charinogales.com @*chari_nogales*

Imagen de portada: Intervención gráfica de *Le Lit* de Henri de
Toulouse-Lautrec y *El sueño de la razón produce monstruos* de
Francisco de Goya

Primera edición: enero de 2024

© De los poemas: Victoria Mallorga Hernández
© Valparaíso Ediciones

C/ Fray Leopoldo, 7 Bajo 18014 Granada
www.valparaisoediciones.es

ISBN: 978-84-19347-96-1
Depósito Legal: GR 1957-2023

Impreso en España - *Printed in Spain*
Gráficas Gami

*El papel utilizado para la impresión de este libro está calificado como papel
ecológico y procede de bosques gestionados de manera sostenible.*

En *Dos chicas al borde de la cama,* los poemas, labrados con destreza en un lenguaje preciso y contundente, constituyen también secuencias proyectadas en "una sala de cine", según se nos anuncia en el primero, "Preludio". Con una narrativa por momentos elusiva y otras en cambio atrevida y directa, el discurso se instala "casi en el lugar del sentir" pero nunca se desborda: más bien logra amarrar el sentimiento al lenguaje, que fluye acompasado y seguro de sus propias imágenes. En esa búsqueda inserta entre desafecto y deseo, con un tono distanciado y no exento, a veces, de ironía, Victoria Mallorga encuentra un nuevo ángulo para auscultar el movimiento de los cuerpos — duplicados, multiplicados, errantes— como quien roza un animal y su fantasma. Se genera así una gramática arriesgada, "dispuesta a todo por solo un momento, un momento/ de brote".

MARIELA DREYFUS,
PREMIO JOSE WATANABE VARAS 1992

Sé que más tarde
alguien se acordará de nosotras
SAFO

Darling, do not weep
'Twas just a dream,
a nightmare gathered
on the century's brow,
and if it comes again
I'll hold you tight 'til dawn
as well as I know how
ALAN MOORE

PRELUDIO

a las tres cuarenta
    cae el sol sobre la casa del idilio
montamos una sala de cine
y nos cobijamos sin importar
la humedad de la tarde entre nosotras,
buscando una narrativa
que arrebate nuestros ojos del encierro:
una historia donde no mueras,
donde no termine casada y fértil
    soñando con un amor de adolescencia,
donde no existan ojos voyeur que atraviesan
nuestros cuerpos
replicando deseo barato
en uno y otro fragmento de vídeo
    mas las horas pasan esquivas
entre el hartazgo
y el aburrimiento
hasta que apagas el reproductor
y musitas un deseo al aire,
como siempre que tomas decisiones peligrosas
me sujetas
cerca y
    poco a poco se desovillan
en tu pecho los hilos que protegen
esta nuestra caja de pandora
    el olvido que preserva
el ensueño de esta casa de espejos cubiertos
la tarde de libélulas a la ventana

y abres tus manos
finalmente, nosotras nuevas
rodando esta vez
      la cinta,
como tantas otras de tus decisiones peligrosas.

EL OTRO ROSTRO DE UNA PROFECÍA
AMANTE SE ASOMA

mientras la lluvia cae
a golpes sobre la flor de tu piel
líneas rojas cruzan el paradero del tren
      incapaz de reprimir el transporte
pero soñando con detenerlo
imaginando la ausencia de cada lazo
se enreda entre los rieles,
tenso con el paso
de cada tren
hilos rojos que se encadenan entre nosotras
una confianza que ya no existe
que nos retiene como cuerpos a la espera
en una parada anulada
deseando soltar un nudo que
siempre amenaza quebrarse

pero bajo presión los cables
se hacen eternos, cada ruptura
destrozando los cuerpos
próximos látigos sedientos
repitiendo que
esta lid
es para siempre.

AL PIE DEL OASIS

el espejismo tiene un poder siniestro sobre nuestros vientres
lazo doble que nos cierne sobre lo eterno
para reventar en trozos de sal tibia,
la memoria salpicada de

dolores que se extienden para
ser reabsorbidos en cada paso falso
hacia el futuro,
        imitación que encera la madera
de la caja de pandora
que siempre supimos sellar

ante el fracaso,
los colores de antaño
se hacen espejismo que ciñes desde
tu puerto hasta que se cierra alrededor de mi cuello
el afecto   la mentira
que nos decimos al borde de la cama
a la espera de mejores tiempos.

ME PIDES QUE NO HAGA UN
ESPECTÁCULO, ACCEDO

todas las palabras que dijimos
se ocultan en la niebla sonora
barrullo de tiempo
que no puedo alcanzar

incluso si pudiera correr detrás de nosotras
llevaría la memoria final engarzada en mi cuello
porque mi voz radica en tu ser
amor, grito a la noche
para que llegue a tus oídos
como los aullidos de las hienas a la caza
como el deseo de huir que se manifiesta en mis huesos
la pregunta inevitable que se cierne
cada vez que despierto sola,
cuando las noches de agosto se alargan
        con tintes del invierno en el norte
        al que ya no pertenezco
        y en el que tú cosechas lluvia eterna

recojo mis cosas sin gloria,
la yema de mis dedos
rozando el empapelado de la sala,
sabiendo que me dejas las llaves
porque
            no se tiene por qué temer
a un animal doméstico,
dependiente   encadenado
a tus manos.

DEYANIRA RUEGA A LA NOCHE POR FIDELIDAD

una constelación atina el golpe,
los sentimientos se tuestan al sol
hasta que la noche vuelve a recogerlos
con sus delicados dientes
los coloca sobre
nosotros con la ternura de carnicero
fileteando una criatura bicéfala
única en el tiempo
miserable

mas en el lecho
nos damos la espalda,
estiramos el afecto entre
dos cuerpos que solían fundirse
en temperatura, y ahora
se sientan a la cama y siguen
la rutina del desprendimiento
  (*todo está bien, me alegro*)
mientras la rosa noche cae
sobre nosotros como mortaja,
prenda condena
que envenena nuestras manos
entrecruzadas como prueba
grecorromana del celo enfermizo
que siento por tu sombra
que sientes por mi reflejo
en la encimera, duplicado

a través de la casa
y nunca más solo nuestro

como si el amor no tuviera más
que la posesión de esta flor,
un ruiseñor latiendo
en la espina.

UBICUIDAD TERRIBLE DEL ENCUENTRO PREDESTINADO

tu bolso abierto sobre la cama
habla de los comienzos frustrados que no podemos evitar
otras mil tardes sujetando un tarro de helado
un par de mimosas y los miles
de comienzos que hemos tenido
para volver acá
partida de ajedrez
pausada

uno menos de los infinitos que quedan

usa mis manos para volver a contar
y sentir, en los quipus de nosotras,
los números que ya hemos cruzado
la velada en Notre Dame y
 los besos bajo la alameda de Lima centro
las manos sujetas en museos visitados
tratando de hallar tema de conversación después de tanto
tiempo sin vernos a los ojos
sin contar las horas entre nosotras
sin contar que todo
nos lleva nuevamente aquí,
partida de ajedrez
 pausada

mil menos uno, te rehúyo,
evado todas tus llamadas,

cambio la chapa de la casa,
te encuentro en la estación del tren
te encuentro en la botica de Santa Marta
    frente al Louvre
    frente al bombardeo de Siena
    frente al proceso histórico

me siento al borde de la cama
recojo tu bolso sin empacar
y vuelve a la esquina superior del ropero

trenzo tu cabello, antes de irnos a dormir
besas mi hombro

y, finalmente,
tu reina llega
a pastor.

NO HAY VENCEDOR, SOLO DESPOJO

poeta, como héroe, sin género marcado.

las calles se cierran al paso de las aves
son las seis de la tarde en el lugar
que borras del recuento de la hazaña
de la historia del desarrollo del héroe
que encuentra el cuerpo del delito,
sujeta su nuca y

　　perdona

　indeleble
ese pedazo de tierra
la pausa helada de la sangre
cuando la daga carcome la palma de tu mano
reclama silencio, ser
un obstáculo:
nadie quiere oír
sobre la tarde callada del héroe,
las faldas planchadas, los cordeles,
la amada, la tarde de sol frente a la tele
antes de—
las pausas se llenan de moho
cuando la violencia se ausenta
el conflicto engravado en expectativa
　　el héroe devora la presa
　　el héroe sangra y desangra
　　el héroe regresa triunfante
　　de la muerte

pero los bares cierran ante el silencio
discreto de las aves:
el héroe regresa sin daga,
se sienta al borde del bosque
y exhala la guerra.

SOLO VISITAS AUTORIZADAS

llama a la puerta como una sombra que espera
al final del shot de vodka
de manzana
después de la risa, las charlas
sobre la facultad y el deseo,
al final de bailar sola
       se escurre entre las cortinas
con nombre y apellido de
eventos que no ocultas,
que consumes sobre la mesa
en vajilla elegante
la fantasía pendiente de tus manos
hasta que la sed hace monstruos,
llama desde las faldas de la cama:
ha esperado que la casa se despierte
para hacerte aullar de anhelo
aun si pretendes soñar

el espejo nos reduce al chirrido de una puerta
el horror de nuestros huesos contra la sábana
tu sangre sobre mis manos   porcelana
mis dientes en tu garganta
deseando soñar

dejar de ser fantasmas de cuento
detener la historia apenas lleguen las aves de la tarde
    cesar de sentir, finalmente,
      que nunca, nunca, es el momento preciso.

SI BIEN NUNCA QUISISTE SER UN DOCUMENTAL

en mi mente
el rodaje de ambas continúa

aunque el techo se abriera en temporada
de huracanes, exponiendo nuestro pequeño
universo doméstico al musgo trepando
paredes, camas húmedas bajo el temporal
que, en el silencio de los animales salvajes,
desarrollan entes abyectos,
ratas pariendo bajo nuestra vieja mesa de comedor
abrazadas por el heno,
el popurrí de
hojas y el derrumbe de la fantasía
unifamiliar monógama.

abrazadas, aguarda por la espera de que todos hayamos
       partido
aunque no quede ya calor humano
y solo en mí continúe el rodaje:
       cierro mis manos para concentrar su haz sobre mi pecho
       mis ojos reflejan sobre la pared desnuda de tus labios
       el ser antes de que todo se desmoronara
       ahora gira lento sobre mi propio cuerpo
       ausente e ignoto

cómo retomar una cinta
cómo volver sobre lo filmado para retocarlo

rebobinar para grabar algo distinto sobre
la noche, sobre el plano de la casa,
la herrumbre de los cuerpos y
la sucesión veloz de huéspedes salvajes
en mi pecho
    inacabado

impertérrito
el moho que rige el aire
infiltra el reproductor,
hasta que te paras
y lo apagas.

CASTILLOS EN MAREA ALTA

quise escribir un poema que tuviera
la esencia de morder un pedazo de hierba fresca en
medio de un estanque
que redujera el manantial
de tu figura en mi pupila
todas las versiones de tu rostro
compactas en un poema

que te dijera en el oído
que mis piernas tiemblan después de tu partida
que el agua desciende más fría
    y la primavera se marcha más rauda que nunca
    en busca de ti

pero has cambiado tu número
y las redes no hallan tu nombre
mil alias de ti escurriéndose entre mis dedos
código binario que se evapora ante mis ojos
y aun así
quise escribir un poema que te recuerde que
    estás en mis manos,
aunque las roa la ausencia
que sea como oler el otoño desde el interior de una jaula
    dorada
    como sentir la claustrofobia del verano sobre
    la arena mojada
    incapaz de retener la huella
    sin importar su grandeza

así te escribí en la humareda
y así consumí mis palabras.

LA CURADORA HABLA DESDE LA HERIDA

los cuadros del Prado permanecen intactos
ahora que la brisa no toca sus lirios
y el sol ya no bebe de ellos con su cara morena
la soledad de los cuerpos inertes
protegiendo cada grieta perfumada
de óleo, la textura saturada
de emoción irónicamente preservada
por centímetros y centímetros
de vidrio templado, blindaje
obstáculo que compra unas décadas
más de tiempo solemne
pero nosotras

       nos hemos bronceado en riberas enteras
nuestras risas han palpado el aire como
fuente de luz, insólitas en
tangible púrpura dicha que penetra
los poros, marcando las líneas del rostro
hasta dejar pequeños regueros de sol
ocultos en el quiebre de tu nariz,
la piel de tus mejillas que se irrita
en el invierno, que acumula pequeños
puntos llenos de miel solidificada
en este tu cutis rojo de sangre
del esfuerzo del respiro
ante la incontenible carcajada
    que irradias
hasta que la pausa se torna absoluta

todos los respiros que
hemos contenido bajo el cielo
desenredados por la luz súbita
de otoño.

       no, nosotras no permaneceremos
       intactas, pero me basta
       con un final
       feliz.

EN EL COLAPSO DEL SUEÑO, TU SUERTE

si es este
el último fin
de nuestra historia colectiva
qué más da si volvemos sobre nuestros pasos
a retomar la vieja guardia
de Versalles, los jardines simétricos
de nuestra infancia, los restos de
piletas amadas por el error humano,
la perspectiva oblicua de
volar pendiente abajo a trompicones
despegando los pies del asfalto
aprendiendo a empinar
botellas de vidrio helado, preguntando
entre sorbos si esta es la casa,
si esta es la ciudad o el tiempo celeste
el espacio correcto para abrir mi pecho
y sembrarte, horadar el músculo hasta
que te acurruques
        sellarte quirúrgicamente
aunque tus raíces estallen
las válvulas de afecto controlado,
me obliguen a sentir las calles rojas a la visión de
nosotras
las piedras a nuestro paso quebrado
cada ruta caminada un color de vino claro
y una gota de risa que riega
toda fuente de agua a kilómetros a la redonda,
que marca postales y postales

con graffiti, Juana de Arco en bonete
anunciando que
la estamos pasando maravillosamente
y   no os echamos para nada de menos
porque
aunque vuelen las aves hacia norte
la grácil Afrodita orienta mi sentir al sur,
me subyuga con afecto de muchacha
        la repetición ubicua de tu pulso
en cada recuerdo, los tropiezos
que construyen década y siglo
el mapa del retorno amoroso
donde   después de la guerra
        nos reencontramos

                hasta que la magia colapsa

si callas en las tardes a la espera
mientras mi cuerpo envejece por primera vez
en invierno, créeme cuando te digo que
es una fantasía rota sobre una carpeta de alpaca
rojo vino supurando sobre su pelaje
pies cortados de imprudencia
donde jamás antes ha durado la llaga
        el olor del cigarrillo encendido contra el vidrio
        avenido a pucho final
        efímero.

        qué más da si es una película, querida,
si está armada de mentiras esperando
el arco argumental primigenio:

la pérdida del yo bicéfalo
se cierne sobre nosotras
cuenta minutos para que
seamos parte de las mil
escenas de muerte correctiva—

pero tú siempre has sido suerte
    nos escabulles a través de pasadizos secretos
 arrojas la narrativa a través de las ventanas
hastiada sujetas mi mano y
              vuelas de regreso
a esa nuestra casa
para cruzar el umbral y
apagar el reproductor
por última vez.

la casa resuena de esperanza,
frente contra frente,
primigenia.

FLORES FRENTE AL SOL

Algún día, Karen, eso que ahora te asusta vas a convertirlo en música. Y al escucharte, todos van a querer salir a bailar

PIERRE CASTRO ACERCA DE KAREN LUY DE ALIAGA

para richi y mae mobley, por sacarme una y otra vez a bailar

LOS CHICOS INCÓGNITAS DE INFANCIA

yo pensé que un chico era un misterio:
una cara suave
    una pieza de mahjong,
    que sin par repentinamente asusta

yo pensé en el futuro paterno
    y en las conversaciones femeninas de recreo,
en la necesidad
    de quererlos, en la obligación de ocupar
un turno en la ruleta del chisme,
de decir entre risa floja mechón en mano
a mí me gusta él,
me gusta, sí
    me gusta supongo su nombre
haberlo sacado al azar de una bolsa
haber determinado *bueno* es tu turno de ser el interés
    romántico asignado
la excusa del recreo, la conversación en el baño
    en quinceañeros, nombre regular
en los juegos de infancia, de hijos, países,
azares del futuro en plan lector.

pensé mucho y tendido
miré a un chico y era un misterio una incógnita de noche
que me hizo cruzar la calle y pensé
    luego y ahora,
fuera del turno de la ruleta,
fuera del pueblo pequeño

qué
   y por un momento no pensé en nada.

nada:
pensé en el silencio
pensé en grandes alacenas
en zapatos al borde de una cama
los quiebres de sentido,
la impostura
la ceniza en los ojos
sobre todo, la ceniza.

un buen muchacho y una buena muchacha,
una chica bonita y un buen chico,
el resto de combinaciones
quiebre y quiebre y quiebre materno.

cuando me senté a la mesa, conté mis pasos
cuando me escondí en el baño, conté las losas
miré mi rostro y la forma circunspecta de mi corazón
   trinchera
su silencio y su miedo
y cuando me senté finalmente en la rotonda,
por primera vez la ruleta indescriptible y ansiosa
se hizo mía
y sin importar el tiro concreto en la sien
   pensé:
   una chica bien podría ser una bala.

A MÍ ME DIJERON SIEMPRE QUE LAS CHICAS BONITAS LLEVAN VESTIDOS

que doblan sus medias, que llevan hoyuelos
   de nacimiento
labios color rosa natural,
una inteligencia callada
sonrisas templadas

en mi habitación
tenían largas medias blancas.
   zapatillas blandas. a veces tacos,
   palabras suaves orientadas a apaciguar siempre.

las chicas bonitas vivían en quinceañeros, quemaduras
   de cigarrillo en sus piernas,
   las chicas bonitas, pestañas falsas labial rojo vivo
      como un glitch caleidoscopio
las chicas bonitas siempre estaban prohibidas.

tenían terrible suerte,
las chicas bonitas claro, no te confundas,
son un poco curiosas.

no tenían manos garras, no tenían secretos,
tenían rodillas suaves rezando a la Virgen,
tenían guitarras en mano,
todo esto eran las chicas bonitas.
      las chicas bonitas, con terrible suerte, embarazadas,
      ingenuas,

las chicas bonitas inteligentes solo para ciertas cosas.
siempre con un ojo en el futuro, el legado
una chica bonita merece una familia bonita, no crees
una familia, te digo.

NO ES DIOS NO ES VIRGEN NO ES NADA

ser la ausencia de la madre
        ser Juana la Loca
Bolena, Antonieta

habitar grandes bañeras
habitar un cuarto rosado en la galería de arte,
una peineta histórica, una ausencia tan grande
que es casi un milenio,
 una era de rostros espejo con melenas rubias
rubias cabezas en piquetas mirándote en la noche, Juana

la última tarde en tu cama, la última vez en la palestra,
la última vez frente a frente,
un espejo victoriano atascado en un fantasma del siglo XXI,
besarte frenéticas en un parque,
que se corran mis mallas,
que se corra la tarde
las nubes.

esta no es una pregunta sobre la fama.
        translúcida, soy múltiple.
un disfraz, un espejo, un póster, un— una muchacha.

una muchacha con un paraguas dándote la espalda.
una muchacha desnuda   sin nada más que su cuerpo.
esperando que la mires.

PERLAS ENTRE NOSOTRAS

en un momento tuve que parar

coróname, te dije
te lo dije casi callada.

quería ser una joya

portar casi por accidente
algo divino   húmedo
que me saciara de ti.

COMPRAS ANTES DE FIESTAS
(CIRCA, 2012)

un vestido negro de coctel
un corsé floreado
un tratado de vives para la mujer moderna,
un diccionario de flores
un tutorial de maquillaje
una moratoria de zapatillas converse
una copa de lágrimas en un crucero intercontinental
una muñeca cicatrizada apenas
un rechazo postraumático a lo *femenino*
una curita tres veces desechada
una botella de alcohol
desarraigo escrito quince veces
un metrónomo
la manía incontrolada de partir, como un animal que
furioso se desprende de su cola, el acto desesperado
de cercenar carne para evitar gangrena, una criatura
dispuesta a todo por solo un momento, un momento
de brote.

A CIEGAS

1.

Un trato:
Si repito cinco sinónimos en tonalidad distinta, permites la duda. Con solo cinco maneras de tocar el verbo sin presumir, me concedes existir nebulosa, imprecisa niebla matutina, un poco como el humo, ambigua porque hay un nombre para esto, aunque no te parezca delicado, aunque la duda se torne recelo, aunque en la sujeción precisa del verbo, la ambigüedad semántica prevalezca.

2.

Habríamos querido que no fuera necesario pedir tantas cosas. Pedir tanto, pedir una transición perfecta, un abrazo instantáneo, por pedir, pedir casi lo imposible. Sentarse frente a un grial y pretender ser el verbo mismo, ser mas que el verbo en la noche oscura del alma. No mencionar el nombre de alguien accidentalmente, no mencionarlo en un momento tan patente, o mejor, no sentir el paréntesis de silencio tan largo borrarlo de existencia.

En todo el tiempo que vive entre nosotras, mientras ensayamos mil versiones de ceguera mutua, el nombre supura y supura. Desborda bilis, crece dientes, crece ramas que penetran desde luego toda pared de carne tonta. El verbo se hace inmenso hasta que finalmente encarna. Encarna mujer.

3.

En otro lenguaje, el ritual. En otro lenguaje, la ambigüedad en los cimientos de la lengua. Llevo revisando mi propia lengua tantas veces, jugando a tocar y tocar y tocar este diente, moverlo hasta sentir el temblor subyacente, el sabor salado del paso incorrecto, haber finalmente encontrado la pared verbal incorrecta. En otro lenguaje, el deslizarse entre el asfalto, hundirse entre las grietas, existir desde la duda siempre, nebulosa completa, incierta, preguntarse *me conoces* preguntarse *me puedes conocer solo un poco*, probar otras formas verbales, probar finalmente la franqueza material.

Y finalmente, quedarse un buen rato sentada frente al espejo.

4.

Me habría gustado no tropezar sobre tanto verbo, no tropezar sobre silencios, encontrarme de repente con una tradición intacta, un nombre entero, la dulzura láctea en toda lengua, sin traductores, sin devenires. Ensayar por gusto, no por incertidumbre, caer en brazos firmes y dejar que caigan las escamas, y caigan y caigan y caigan, sin pensarlo ni una sola vez.

5.

Una banda de tela en mis ojos, un arma y perfume de
mujer.
De espaldas al agua:
un bautizo.

A LOS DOCE, EN UN PEQUEÑO LUGAR
DE LA MANCHA

enamorarte del afecto
sobre tu cabello, el roce de muñeca,
tantos gestos ocultos bajo el códice
femenino del lenguaje,
tanto espacio para dudas
para andar en puntillas ambas sobre el celo desmedido
que parte de lo inexistente— de una ausencia de nombre
que anida en los sentidos, cercena.

te enamoras de la complicidad implícita
lo no nombrado, la rosa ciertamente,
el beso en la frente, las manos sujetas

te enamoras de una duda
y evades   desde luego
toda necesidad de respuesta.

NUEVA BABILONIA

despiértame por favor en nueva Babilonia,
   mira en mis ojos equilibrista de climas y trepa
hasta alcanzar mi sueño hasta besarme fuera del sopor

las vigas peligran   no las despiertes, juega.
sujeta mi mano en una caída a gravedad cero

perdamos el eje en nueva Babilonia
tu hamaca e *imposible* en nueva Babilonia
dormir en carruseles en nueva Babilonia
sobre el sueño chicle de nueva Babilonia
que no cesará nunca,
nosotras:

El poder de tus piernas sobre mi Pecho,
sin Rezagos físicos sin Obligaciones,
tú y yo en nueva Babilonia
sin parientes sin objetos, apenas una sola morada
con mil seres y tu aliento.

al sueño de Constant Anton Nieuenhuys.

ACCIDENTES

desde el cielo, tacones más altos que una vela
    anunciando la caída más esperada desde el velocismo
    desde Lilith al borde de una tina,
trenzas extendidas hasta la cintura,
anunciando a trino de brindis qué feliz accidente
    feliz caer sobre tus piernas
feliz caída de la noche,
feliz crisálida que extiende
feliz error y cura
    tropiezo que ríe rojísimo
se cuelga de mi cuello
y

LAS FLORES NOCTURNAS

no voy a decir que he perdido la voz
entre maquillaje y risas
las vocales largas más largas de la dicha
rebotando entre baldosas,
dos copas al borde del lavabo
servidas del burbujeante   inicio
de la noche   el borde abierto de Miraflores
que augura sudor y quiebre,
la fricción de la luz
sobre tus ojos:

no voy a confesar que he perdido la voz
tan temprano
el club a la una
es otra criatura que espera mientras
previas y previas vodka de manzana
y margaritas en
el sofá de alguna chica bonita, entre
labiales y risa humareda
que si *tomas el fourloko*
    y el taxi a la puerta y
    si te sientas en mi falda,
señor, vaya por Benavides, sí toda Benavides
con la luz irritante de las farolas,
la calle corriendo cuesta arriba,
mil de brillantina y risa floja
que se chocan con el bouncer que pide
DNI por favor mientras la música

asciende por tu tobillo

      esta es la fugacidad
el destello de la mariconada dichosa
el trago corto, la manada,
los faros de Valetodo en el sueño

      esta es la añoranza en octubre
sentada en el balcón de los meses fríos
centenares de días enclaustrada pensando que
            esa era la madrugada cumbre y frágil,
las escaleras temblando a   poquito
 hasta que la pista se encendía relámpago,
causales de la risa respirando entre jarras de cerveza,
haciendo eco en la escarcha de performances
la dicha eufórica   casi insólita
de ser el lugar más seguro de la tierra.

ANTES DE SENTARSE EN LA ROTONDA

tantas palabras para no poder decir
siquiera lo más sencillo del lenguaje

    tener una adolescencia tardía es mirar desde lo alto
un acuario
tener sueños que asoman apenas sus dedos rosados
contemplar las mismas tres películas
añorar una cantidad indescriptible de rostros
descubrir que siempre estuvieron al alcance de tu mano
graciosa
imaginar miles de labios tiernos y percatarte años después
que estaban al alcance de tu sed.

    a la edad madura sentirse niña, sentirse lista para
descender por ventanas
sentirse lista para la escena más dulce más salada más
curiosa

porque más allá de la ternura,
                carne
más allá de la añoranza, fiebre
el palpitar y el sudor que desciende por tus muslos,
que mas allá de la nostalgia por un tiempo normativo
    puedes extender tus manos hacia cualquier fuente
que puedes meter tus manos en mi cabello y puedes pedirme
    desde luego, que bese el labial de tu boca.

y lustros antes y lustros después estaré al alcance de tu sed.

UNION ST.

las previas a sentir
en estaciones carcomidas por el tiempo
el esmalte desgastado de haber estado sentado
parado ebrio remoto incompleto en este pilar
en miles de tardes esperando como siempre
un boleto de transporte a algo más
        las previas al sentir
como el paso en falso de la rutina,

        salgo tarde y ya no estoy acostumbrada
elijo el vagón, equivocada
el salitre se intensifica
corroe los accidentes cotidianos—
        donde no sabía cómo no correr
la sangre que late e impulsa
mi fiebre de movimiento
en el minuto antes
de que
mis labios se partan
sobre los tuyos en el momento
que cuento los segundos entre una y otra palabra tuya
en busca de un roce un pedazo
de cada estación en que he esperado
cada tan equivocada cada paso falso
y cada fuga calculada que ahora da vueltas
en mi pupila que se enreda en tu meñique
como rieles y rieles te espero
        sin querer esperarte

leyendo mapas signos pensando en el perfil de la noche
de nosotras casi en el umbral del sentir

LYKKE LI EMITIENDO DESDE LESBOS

revoloteo de luces en el iris
    la pista de baile
como ríos constantes, el mutar
de los cuerpos que van por cerveza, cambian de pareja
esperando que toquen tu pieza,
    que el dj de electrónica se digne
a tocar el remix de
lustros atrás,
ese beso sobre el sofá de tu mejor amiga,
que descendió tu cuerpo
como sorbos de champagne hasta tu vientre,
como la calidad vaporosa
    edm a las tres de la mañana cuando
el ácido láctico lame tus piernas
de manera insistente, el tipo de afecto
que no se aferra, que se pierde
 entre los cuerpos
aunque quieras permanecer bajo la performance
    bajo el rebote de la música en el arco
de tus pies, el sudor de la blusa hawaiana pegada contra
    tu pecho,
que recuerda otro cuerpo mientras
    rauda, la pista se aglomera una vez más, ríos en
posesión del ser, Lykke Li emitiendo desde algún
    lugar en Lesbos,
irradiando el lugar de la
fosforescencia del amor adolescente

el frenesí iluso
de los brincos sobre losas relámpago.

esta noche la luz revolotea hasta posarse sobre tu frente,
hasta sentir
 tu pulso dispararse con la canción correcta,
con la nostalgia enfermiza de tomar tanto
tanto que acabes
en la calle   fumando
para no llorar.

DESPUÉS DE QUERERTE, LA SEQUÍA

despertar y comer ansias,
sentir el dolor de cintura
la edad tonta cerniéndose sobre mi cuerpo
ahora que los años pesan como lodo

en cada memoria comer ansias, comer
el salitre de la llave que nunca usaste
roer el lodo de los compromisos tontos
    el dolor que tejimos una y otra vez para nosotras

después de quererte, despierto en las mañanas sedienta
palpan mis manos algo imposible
    mi cintura acusa la falta, los años otra vez
como un conteo absurdo. cuántas veces más tiro los dados.
cuántas veces más hago la cama
    una vez más, museos desiertos
la rutina personal enamorada del tiempo
una vez más, la sequía
el oasis, la soledad terciopelo

una vez más yo y mi cuerpo,
contando heridas.

POLÍTICAS DE OFICINA

frente a un espejo como este,
una falda, un ojo, una coleta

ser como cualquier tocador
pintar la vida íntima de una mujer
los colores el perfume,
la ausencia de tampones,

montar lentamente la performance,
un contacto, un brillo, una capa más de base
el anillo perfecto, una camiseta hawaiana,
un tatuaje de flores en el lugar correcto

vórtice de transformación múltiple
la bella, la triste, la forma,
la manic pixie, la femme,
y siempre la misma paleta
la misma brocha la misma cara
las mismas ampollas

sostener un espejo,
quiero desde luego que me vean
que me vean finalmente por cada ápice de mí.

GRETNA GREEN

teníamos entonces una vida
un pañuelo y la suerte
uñas cortas y la sensación de que todo paso estaba
destinado a la gloria
    en marea alta sobre fango
en marea baja sobre islotes vírgenes
encontrarte como una aparición
un holograma una fugitiva de tiempos mejores

el fracaso sabe apenas distinto
cuando has bebido una y otra vez
de la propaganda amarillista de tu propio sueño
    escuchaste que la chica de los centeno
y la chica d-- los rumores, la sentencia profética
pendiendo sobre nuestra tarde de verano
sobre cada fragmento de sal

    en palabras ajenas, lo predestinado
tu historia favorita de almas gemelas cercenada por
el vaticinio popular de clase,
el repetitivo círculo de la condena
y la fuga y la habladuría y las chicas bonitas siempre tan
mala suerte y aquellas a las que la suerte
    llega tempestuosa

evadí la belleza tradicional entonces
    evadí los labiales rojos y las uñas largas el cabello largo
y las medias largas blancas y, aun así,

me encontré nuevamente en cabildo abierto
si no bella, terrible, si no clásica, pagana,
pero siempre inevitablemente mujer y por tanto
predestinada a la tragedia;

pero en marea alta, cintura helada y arena blanda
es casi siempre posible fingir lo contrario
oler el fracaso y zambullirse tontas
zambullirse locas
hasta que nos pierda el trazo.

MAGDALENA

bandada de cuculís en
esta canción que oímos
desde nervios auditivos ajenos
continentes aparte mi memoria y tu oído cotidiano
estremecidos ante la mañana despierta

metrónomo que marca el sueño,
el melódico ulular de su cuerpo gris
batiendo contra mi sien la memoria
la cercanía del vaho   la radiación incierta
de tus gestos

alucinando en esquinas pobladas de gente
este pentagrama de sonido
lleno de memoria corporal

donde mi brazo se extiende estúpido hacia cualquier
copia de ti
imita a las aves, contempla los techos esperando
un trino semejante
esperando desde la ausencia
el palpitar de tu sien.

MAPA DE ARTÍCULOS PERDIDOS

la rayuela se abre en pares
esperando que caigas

antes de dormir,
bebo cicuta.

el sueño aprendiendo cautela:
el mismo veneno levemente repetido
prepara el cuerpo para el dolor
hace inmune a la llama ligera
al sueño que cuidadoso
evade el itinerario final.

cuán terrible elegir un cuerpo
armarse de afecto
sostenerlo y fallar

desyerbo mi pecho

me siento al borde de un cuerpo de agua
a conversar con la marea   discutir
el desarrollo de los últimos días
mirar los veleros, sentir
las rocas ahogándose tiernamente
hasta confundir los ríos
de cada ciudad
arrancarme de raíz
es ensayar un hasta luego

no saber la vuelta
y aun así
trasplantar.

a ciegas
dame futuro, y dame
planes largos como una siesta de verano,
simetría, y enredaderas y enredaderas en tu nombre,
la estructura humana en cada pileta:
un cauce en el cual agotarme.

TRAMA FRUSTRADA

yo quería una rutina
    la estructura dorada de despertarme en tu cama,
besarte la frente
    cambiarme, besarte la frente,
beber apenas un café y marcharme.
trabajar de nueve a cinco.
que no me interrumpas porque sabes que me angustia
ver tu nombre
atisbar tu mensaje y no poder escucharte indeterminada.
que a la hora del almuerzo envíes un meme
responder con algo inocuo y tonto
regresar, encontrarnos en la estación, besarte
volver a casa, besarte

quería la rutina de querernos en un estadio palatino
    de la vida
en la templanza quererte tanto, quererte lo suficiente,
quererte por el resto de mi vida y trenzar tus cabellos,
comprarte tampones, hacer té de orégano
y acurrucarme contra tu espada en noches frías
beber de ti y eternamente sentir tu pecho sobre el mío
sentir tu frente contra mi vientre
    hasta el fin de mis días yo quería un plan.
                una orquesta.

    planes a largo plazo, yo quería palacios en el aire
           estructuras más allá de tu cuerpo
asir tu mano y que el desarrollo de tu historia conmigo

fuera como enredaderas
creciendo juntas moldeándose, creciendo en los vacíos y
contornos de la otra,
ignorando que las enredaderas sofocan y sofocan
ignorando que cubren con su manto la luz posible,
impredecibles
que lo perenne no es fundamentalmente algo humano
que lo perenne es crónico, el veneno asentado en mis labios
mi frente en tu vientre, mis manos en tus piernas y tú,
palacios en el aire
     una vida sin marcas de rutina, una vida que sedienta
no podía saciar.

COLAPSO ESTELAR

casi no es justo, no crees
que puedas abrir los ojos contra el cielo
y tus grandes pupilas capturen la luz tan egoísta
que bebas como un agujero negro la vida
  que absorbas y absorbas
todas mis palabras
   casi involuntaria
cuando quiero decirte que apartes la vista
que llores.

TÚ Y YO A MEDIANOCHE EN CHINATOWN

me reduzco a pensar en la niebla de los rascacielos
envolverse de agua y ver acaso la ciudad desde
    un piso treinta
las ventanas pequeñas   la iluminación incierta
siluetas de lámparas encantadas psicodélicas de ensueño
que preguntan el origen de la convalecencia
la ciudad en invierno y las vidas inquietas detrás
    de los muebles
los pinos eternamente adornados,
 la legítima y constante búsqueda de significado
 desde cada pequeña rendija
vidas cubiertas por la niebla prelaboral
adornadas de la humedad nocturna, de oficina
    a apartamento
de piso treinta a piso cuatro, del suspiro
    apenas murmullo en temperatura cero que espera
    la entrada tardía a la cocina la luz prendida en la sala
de lectura a medianoche
las radiaciones del televisor ruido sordo cuando el sueño
    se percibe inalcanzable
el murmullo sí,
murmullo de una espera que se multiplica solemne
que pregunta, *cuándo* volvemos a casa
y cuándo cuándo volveremos juntas.

INTERLUDIO

el terror a la influencia. el terror
inexorable a la fiebre
una fiebre que sea la imposibilidad de alcanzar la belleza
    una ofuscación total, en fin, de lo sublime

pero más allá de esta incapacidad de lo bello
    el robo juvenil de otra belleza

el construir de una máscara en busca de hallar eso
    de robar como una urraca pedacitos y pedacitos
jamás poder regurgitar algo completamente tuyo
sangrante   parido   casi entraña.

LUCAS

me escondí siempre en la lógica presente
la capacidad del verbo,
la predilección académica por la palabra precisa,
la fórmula perfecta para evitar preguntas,
sin mucho éxito,
me desbordé siempre en exceso
y exceso de celos, de tirria
de pensar y decir. que claro, *aliada*
de mis propios sentidos siempre demasiado
salida demasiado presta a decir
presta a—

no crees que algunas personas pueden malinterpretarte

el que tenga oídos para oír, que oiga.

Y DE PRONTO, TE CAYÓ EL VEINTE

porque claro,
a ti no te criaron para esto
tu lengua no cerraba sobre las vocales
tenías doce, catorce, una madre,
una crianza férrea católica. el infierno solito azuzando
desde cada rincón de tu infancia,

    a ti no te criaron para criar a una lesbiana
pero te iba a tocar la suerte
iba a llegar tu hija.
iba a mirar la tele, musitar *yo soy así*
y señalar de todas las cosas
    de todas las cosas el amante asesinado de turno.

    ser una mujer joven y muerta es cliché.
      ser una lesbiana muerta a media peli es rutina.

ser marica y no huérfana es casi una declaración política
una serie de símbolos abandonados
siempre bajo el mismo afecto celeste
una risa que casi parece un himno,
aunque tenga gravedad propia

ser
y que el amor te haga crecer alas, que abra tus manos
que abra tu lengua a que pronuncies las vocales,
que hagas preguntas tontas, te arrepientas,
pidas perdón, la jodas de nuevo,

pero una vez más vuelvas
a criarme un poquito más.

AVE DE GUERRA

para Chano Hernández, omnisciente

creo que podría haber sido un monstruo.
creo que podría haberme alzado
indestructible sobre edificios mausoleos,
devorando a mi paso toda reproducción del sol
y tu manita habría sacado cincuenta céntimos
para comprarme un chocolate
una Sprite
un chicle Bubalú. y te habrías sentado
 junto a mí bajo el sol de helicópteros de guerra,
con esa tu risa, la sorna
de tu humor de viejo verde,
el afecto tiernísimo
de querer algo no solo por aquello que es,
sino por todos los horrores posibles
y toda la belleza que promete.

creo que podría haber sido un ave de guerra,
quizás, una fatalidad
pero habrías tomado tu guitarra
y habrías tocado uno de esos tus valses,
habrías tocado y mi cabeza enorme
habría bajado a tu regazo
solo para oírte.

cuando te vuelva a encontrar,
cuando mi corazón se haga tan chiquito que pueda flotar,

descansaré mi cabeza
contra tu chompa roja tu pañoleta de seda
sentiré tus manitas gruesas en mi cabeza,
esas palmadas torpes que me jalaban un poco el pelo
repitiendo
nada te turbe nada te espante
calmando el remolino humano
mi ambición desmedida
este cuerpo que se multiplica
y en desconcierto vuelca su ira
contra sí,
pero que cuando te vuelva a encontrar
será otro bálsamo
me sentaré a tu lado, seré entonces hierba
seré polvo seré pedacitos de estrella a la altura de
        tus ojitos cristalinos
y me sentaré contigo a chismearte
cosas terrestres, a decirte que, finalmente,
escribí sobre mis viajes, que, finalmente,
decidí de dejar de confiar en la memoria,
que he dejado que me quieran,
y que aún llevo, desde luego
mil chompas de color amarillo
para que cuando nos encontremos de nuevo
seamos un pequeño atardecer
pequeñito, pequeñito
a la altura del sol.

ÍNDICE